BEI GRIN MACHT SICH IHR WISSEN BEZAHLT

AF168000

- Wir veröffentlichen Ihre Hausarbeit,
  Bachelor- und Masterarbeit

- Ihr eigenes eBook und Buch -
  weltweit in allen wichtigen Shops

- Verdienen Sie an jedem Verkauf

Jetzt bei www.GRIN.com hochladen und kostenlos publizieren

Bibliografische Information der Deutschen Nationalbibliothek:

Die Deutsche Bibliothek verzeichnet diese Publikation in der Deutschen National-bibliografie; detaillierte bibliografische Daten sind im Internet über http://dnb.d-nb.de/ abrufbar.

Impressum:

Copyright © 2019 GRIN Verlag
Druck und Bindung: Books on Demand GmbH, Norderstedt Germany
ISBN: 9783346203397

Dieses Buch bei GRIN:

https://www.grin.com/document/594369

Jacqueline Wieser

Blockchain-Technologie in Unternehmen. Chancen und Herausforderungen für nachhaltige Wirtschaftsweisen

GRIN Verlag

GRIN - Your knowledge has value

Der GRIN Verlag publiziert seit 1998 wissenschaftliche Arbeiten von Studenten, Hochschullehrern und anderen Akademikern als eBook und gedrucktes Buch. Die Verlagswebsite www.grin.com ist die ideale Plattform zur Veröffentlichung von Hausarbeiten, Abschlussarbeiten, wissenschaftlichen Aufsätzen, Dissertationen und Fachbüchern.

Besuchen Sie uns im Internet:

http://www.grin.com/

http://www.facebook.com/grincom

http://www.twitter.com/grin_com

Chancen und Herausforderungen der Blockchain-Technologie in Unternehmen, unter besonderer Berücksichtigung nachhaltiger Wirtschaftsweisen

Jacqueline Wieser

Modul: Wirtschaftsinformatik 3

Wintersemester 2019/20

Studiengang: Marketing/ Technische Betriebswirtschaftslehre

Abgabe: Hamburg, den 17.12.2019

Inhaltsverzeichnis

Abbildungsverzeichnis

Abkürzungsverzeichnis

bzw.: beziehungsweise

CSR: Corporate Social Responsibility

d.h.: das heißt

DSGVO: Datenschutz-Grundverordnung

etc.: et cetera

sog.: sogenannt(e)

usw.: und so weiter

z.B.: zum Beispiel

1. Einleitung

1.1 Relevanz des Themas

Laut eines Beitrags des US-Wirtschaftsmagazins "Forbes", zählt die Blockchain-Technologie zu den gegenwärtig bedeutendsten digitalen Trends für das Jahr 2020.[1] Auch auf dem Hype-Cycle der amerikanischen Strategie- und Managementberatung Gartner, tauchte diese Technologie im Jahr 2018 auf.[2] Dabei birgt die Blockchain-Technologie nicht nur für die Finanzbranche, wo die Blockchain ihren Ursprung hat, eine Vielzahl von Einsatzpotenzialen, sondern auch für andere Bereiche in der Wirtschaft.

Doch nicht nur die Digitalisierung und damit verbundene neue Technologien, spielen in der Wirtschaft eine wichtige Rolle und zwingen Unternehmen nahe neue Geschäftsmodelle zu entwickeln, sondern auch die Veränderung der Kundenbedürfnisse. Auf Konsumentenseite kristallisiert sich momentan, vor allem innerhalb der jüngeren Generationen, der Trend des nachhaltigen Konsums heraus. Wo und unter welchen Umständen Produkte hergestellt werden, spielt eine immer wichtigere Rolle bei der Kaufentscheidung und teilweise sind Konsumenten auch bereit, höhere Preise für nachhaltige Produkte zu bezahlen.[3]

Die Digitalisierung sowie das Thema Nachhaltigkeit und der damit verbundene Wertewandel gehören somit zu den gegenwärtig wichtigsten Megatrends, die alle Bereiche der Gesellschaft und der Wirtschaft langfristig beeinflussen werden.

Bei der Gestaltung des digitalen Wandels in Unternehmen, sollten folglich auch die Aspekte der Nachhaltigkeit berücksichtigen werden. Doch genauso stellt sich die Frage, ob und in welchem Maß der Einsatz neuer Technologien, wie die Blockchain, die Nachhaltigkeit in Unternehmen sogar fördern kann?

1.2 Problemstellung und Zielsetzung

Die vorliegende Arbeit beschäftigt sich mit der Frage, in welchem Umfang die Blockchain-Technologie nachhaltige Wirtschaftsweisen von Unternehmen unterstützen kann und welche allgemeinen Herausforderungen diese Technologie mit sich bringt. Das Ziel der Ausarbeitung ist es, Chancen aufzuzeigen, welche sich

---

[1] Vgl. Newman (Online), 2019
[2] Vgl. Panetta (Online), 2018
[3] Vgl. Handelsjournal (Online), 2019

durch den Einsatz der Blockchain-Technologie ergeben, unter besonderer Berücksichtigung der nachhaltigen Entwicklung von Unternehmen und welche Wettbewerbsvorteile sich dadurch möglicherweise erschließen lassen. Neben den positiven Aspekten sollen jedoch auch die Herausforderungen für Unternehmen aufgezeigt werden, um letztendlich abwägen zu können, inwiefern die Verwendung der Blockchain für Unternehmen sinnvoll sein kann.

1.3 Aufbau der Arbeit

Zunächst wird anhand von theoretischen Grundlagen ein Einstieg in das Thema gewährleistet. Dabei wird auf die Bedeutung der Nachhaltigkeit in Unternehmen eingegangen und der Begriff der Blockchain definiert und ihre Funktionsweise näher erläutert. Im Anschluss folgt die Analyse über die verschiedenen Potenziale der Blockchain-Technologie und inwiefern diese ein nachhaltigeres Wirtschaften von Unternehmen ermöglichen kann. Dabei wird die Analyse anhand von Beispielen aus der Praxis unterstützt. Im Anschluss wird auch auf die allgemeinen Herausforderungen für Unternehmen eingegangen, die den Einsatz dieser Technologie mit sich bringt, wobei vor allem die technischen und rechtlichen Problematiken herangezogen werden. Zum Schluss werden die Ergebnisse gegenübergestellt und bewertet, wodurch die komplette Arbeit kurz zusammengefasst wird.

2. Theoretische Grundlagen

2.1 Nachhaltigkeit in Unternehmen

Als Nächstes wird näher auf die Bedeutung der Nachhaltigkeit in Unternehmen eingegangen.

Im Allgemeinen ist unter dem Begriff der Nachhaltigkeit eine stets bedachte Ressourcennutzung zu verstehen. Dies bedeutet, dass Ressourcen nur soweit verbraucht werden, dass sie auch zukünftigen Generationen in der gleichen Qualität und Quantität zur Verfügung stehen können.[4]

In der Wirtschaft wird der Begriff der Nachhaltigkeit häufig in drei Kategorien eingeteilt, nämlich die soziale, ökonomische und die ökologische Nachhaltigkeit.

---

[4] Vgl. Pufé, (Online), 2014

Zusammen bilden sie das sog. Drei-Säulen-Modell der nachhaltigen Entwicklung. Dieses Modell sagt aus, dass eine nachhaltige Entwicklung nur unter gleichzeitiger Berücksichtigung dieser drei Aspekte realisiert werden könne.[5]

Das Drei-Säulen-Modell ist auch die Grundlage des Konzepts der sog. Corporate Social Responsibility. Als Corporate Social Responsibility oder kurz CSR, bezeichnet man den Beitrag, den Unternehmen zum nachhaltigen Wirtschaften bzw. zur Nachhaltigkeit leisten. CSR umfasst somit die Verantwortung von Unternehmen für ihre Auswirkungen auf die Gesellschaft in sozialer, ökologischer und ökonomischer Hinsicht. Die Berücksichtigung der CSR im Unternehmen ist heutzutage ein zunehmend wichtiger Faktor für den unternehmerischen Erfolg.[6]

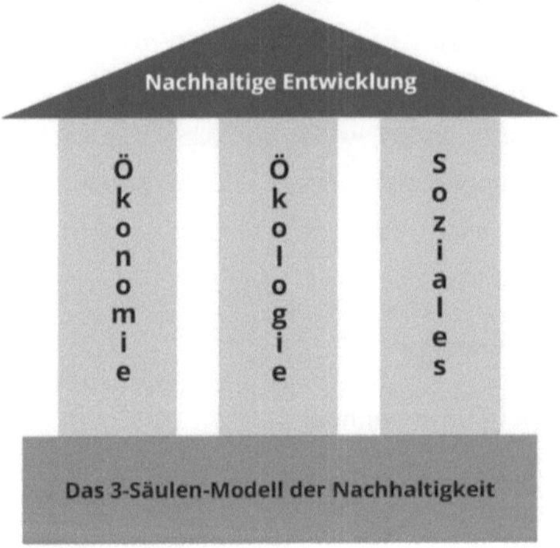

Abbildung 1: 3-Säulen-Modell der Nachhaltigkeit
Quelle: https://www.michael-stoll.info/glossar-3-saeulen-modell/, 23.11.19

---

[5] Vgl. Aachener Stiftung (Online), S.4
[6] Vgl. BMAS (Online)

2.2 Blockchain-Technologie

2.2.1 Definition und Herkunft

Im Folgenden wird der Begriff der Blockchain-Technologie näher erläutert.

Der Begriff Blockchain stammt aus dem Englischen und bedeutet wörtlich übersetzt „Blockkette".[7] Im Allgemeinen ist unter dem Begriff der Blockchain eine dezentrale Datenbanktechnologie zu verstehen, die eine Datenspeicherung in verteilten Netzwerken, d.h. auf mehreren Rechnern, ermöglicht.[8] Der Begriff dezentral spielt hierbei eine wichtige Rolle, auf die im Laufe der Arbeit noch näher eingegangen wird.

Die Blockchain-Technologie wurde ursprünglich von einem Pseudonym namens Satoshi Nakamoto für die Kryptowährung Bitcoin entwickelt und im Jahr 2008 anhand eines Whitepapers des bis heute unbekannten Autor veröffentlicht.[9] Daher wird die Blockchain-Technologie vorrangig mit der Kryptowährung Bitcoin in Verbindung gebracht.[10]Diese Technologie bietet jedoch noch eine Vielzahl weiterer Einsatzmöglichkeiten, wovon ein paar in dieser Arbeit näher vorgestellt werden.

2.2.2 Funktionsweise

Wie bereits erwähnt, handelt es sich bei der Blockchain um eine dezentrale Datenbank, die es ermöglicht alle ausgeführten Transaktionen zwischen den Teilnehmern eines Blockchain-Netzwerkes abzuspeichern. Solche Transaktionen können beispielsweise Überweisungen von Geldbeträgen sowie Übertragung von Rechten oder sonstigen Informationen sein.[11]

Bei dieser Technologie besteht die Datenbank aus einer fortlaufenden Kette von Datensätzen, welche auch als „Datenblöcke" bezeichnet werden. Diese aneinandergereihten Datenblöcke, welche anhand von Hashcodes miteinander verkettet sind, beinhalten kryptografisch verschlüsselte Transaktionen und dokumentieren diese stets in der zeitlichen Reihenfolge. Der Name Blockchain kommt daher, dass ein Block stets mit dem vorhergehenden und nachfolgenden Block verschlüsselt und gespeichert wird, wodurch sich eine Art Kette bildet.

---

[7] Vgl. Cloer (Online), 2016
[8] Vgl. Hofmann (Online), 2019
[9] Vgl. Scherf (2019), S. 40-41
[10] Vgl. Capital (Online), 2017
[11] Vgl. Schwarzkopf/Adam/Wittenberg (2018)

Eine Besonderheit der Blockchain ist, dass in der Datenbank neue Daten angelegt, jedoch nicht mehr verändert oder gelöscht werden können.[12] Somit können bereits ausgeführte Transaktionen im Nachhinein nicht mehr rückgängig gemacht werden. Diese Daten werden dabei nicht nur auf einem zentralen Rechner gespeichert, sondern jeder Mitwirkende des verteilten Netzwerks verwaltet eine vollständige Kopie der Blockchain-Daten auf seinem Rechner.[13] Angenommen ein Rechner sollte ausfallen, so würde die Gesamtheit der Informationen auf den anderen Rechnern trotzdem erhalten bleiben.[14] Eine weitere besondere Eigenschaft der Blockchain ist, dass bei Verwendung dieser Technologie, keine zentrale Instanz mehr, wie z.B. Banken oder Zwischenhändler, benötigt wird.[15] Dank der Dezentralisierung und der kryptographische Absicherung, wodurch die Daten der Blockchain nicht manipuliert werden können, ist es Teilnehmern möglich untereinander Transaktionen durchzuführen, ohne sich dabei zu kennen oder zu vertrauen.[16]

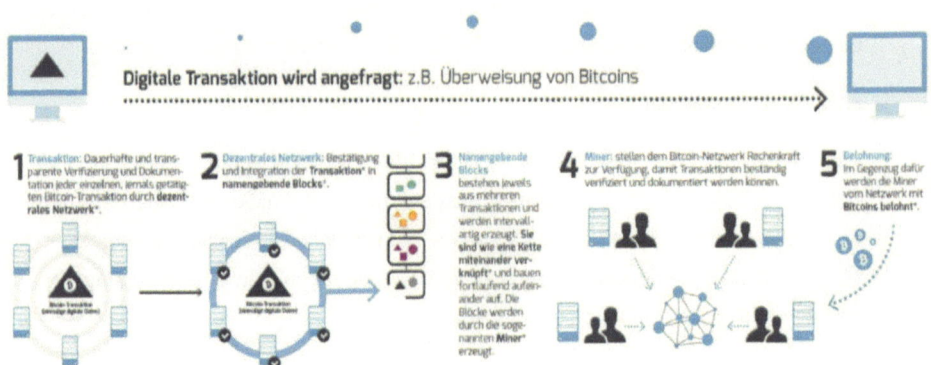

Abbildung 2: Funktionsweise der Blockchain am Beispiel Bitcoin

Quelle: https://coinspondent.de/2016/09/15/blockchain-fuer-einsteiger-erklaert/, 23.11.19

Für größere Darstellung siehe Ende der Publikation.

---

[12] Vgl. Roth (Online), 2018, S. 35
[13] Vgl. Ionos, (Online), 2018
[14] Vgl. Hofmann (Online), 2019
[15] Vgl. Schwarzkopf/Adam/Wittenberg (2018)
[16] Vgl. Scherf (2019), S. 48

3. Chancen

3.1 Dezentralisierung

3.1.1 Definition

In den folgenden Abschnitten wird erläutert, welche spezifischen Chancen die Nutzung einer Blockchain für Unternehmen bietet, unter besonderer Berücksichtigung nachhaltiger Wirtschaftsweisen. Hierbei spielt die Dezentralisierung dieser Technologie eine wichtige Rolle, weshalb zunächst näher auf die Bedeutung der Dezentralisierung im Rahmen der Blockchain-Technologie eingegangen wird.

Das spezifische Kennzeichen einer dezentralen Datenbank ist, dass die Datenbank nicht nur auf einem Server liegt, sondern auf mehreren Rechnern verteilt ist. Diese Rechner sind im Blockchain-System miteinander vernetzt und alle Teilnehmer haben jederzeit Zugriff auf die synchronisierte, aktuelle Version der Daten.[17] Außerdem ist wie bereits erläutert, keine zentrale Verwaltung mehr nötig, sondern der Datenaustausch bzw. eine Transaktion erfolgt direkt von Teilnehmer zu Teilnehmer. Man spricht hier auch von einer sog. Peer-to-Peer-Kommunikation.[18]

Ein dezentralisiertes Netzwerk weist somit im Vergleich zu traditionellen Netzwerken einige Vorteile auf. Wie diese Vorzüge nachhaltige Wirtschaftsweisen von Unternehmen unterstützen kann, wird in den folgenden Abschnitten dargelegt.

3.1.2 Transparenz der Wertschöpfungskette

Vertrauen und Transparenz sind Werte, die heutzutage für viele Konsumenten von hoher Relevanz sind, wenn es darum geht, neue Produkte zu erwerben. Dies wird vor allem dadurch begründet, dass immer häufiger offenbart wird, wie Unternehmen beispielsweise falsche Angaben über die Herkunft ihrer Produkte machen oder verschleiern, unter welchen Umständen sie ihre Produkte herstellen lassen.[19] Auch die Tatsache, dass immer mehr Unternehmen sog. Greenwashing betreiben, lässt Kunden immer kritischer werden.

---

[17] Vgl. Klapdor (Online), 2017
[18] Vgl. Cloer (Online), 2016
[19] Vgl. Scherf/Lutz (Online), 2019

Für diesen Konflikt könnte die Blockchain-Technologie einen geeigneten Lösungsansatz bieten. Denn um die Transparenz der Wertschöpfungskette zu verbessern, ist eine detaillierte, lückenlose und nicht veränderbare Dokumentation der gesamten Wertschöpfung nötig. Diese Informationen müssten auch zur jeweiligen Echtzeit abrufbar sein, damit zu jedem Zeitpunkt nachgewiesen werden kann, dass die Prozesse ethisch korrekt ablaufen. Mit Hilfe der Blockchain kann jede Ressource und jeder Prozess der jeweiligen Produkte manipulationssicher in Transaktionen aufgezeichnet werden. Zu diesen Informationen zählen beispielsweise Herkunft der Rohmaterialien, Verarbeitungsschritte, Informationen über die Bezahlung der Arbeiter, etc. Dank der Blockchain können somit alle an der Lieferkette beteiligten Parteien (Konsumenten, Unternehmen, Händler, Lieferanten, Produzenten, usw.) den gesamten Prozess, von der Rohmaterialgewinnung bis hin zum Verkauf an den Endverbraucher, lückenlos und in Echtzeit verfolgen. [20]

Ein Beispiel wie dies in der Praxis aussehen kann, ist das gemeinsame Pilotprojekt der Modedesignerin Martine Jarlgaard und des Technologieunternehmens Provenance aus London,[21] welches sich auf End-to-End-Transparenz auf Basis der Blockchain-Technologie spezialisiert hat. [22] Bei diesem Projekt wurde jeder Produktions- und Fertigungsschritt eines Alpakapullovers anhand der Blockchain festgehalten. Von der Schur der Tiere auf der Alpaka Farm bis hin zu der Designerin selbst, die in ihrem Atelier die Kleidungsstücke designt und verarbeitet, konnte jeder Beteiligte mit Hilfe der von Provenance entwickelten App, den jeweiligen Produktionsschritt dokumentieren. Schlussendlich konnten Kunden einen QR-Code, welcher im fertigen Kleidungsstück eingenäht wurde, einscannen und die komplette Historie des Pullovers abrufen.[23]

Die Blockchain-Technologie kann somit eine Möglichkeit sein, mehr Transparenz von Wertschöpfungsketten zu schaffen und die Herkunft und Herstellung eines Produktes durch Rückverfolgbarkeit für den Kunden nachvollziehbar zu gestalten. Das Vertrauen zwischen den einzelnen Teilnehmern der Wertschöpfungskette und dem Endkonsumenten könnte somit gesteigert werden, was sich wiederum positiv auf das Image von nachhaltigen Unternehmen auswirken würde.

---

[20] Vgl. Hildebrandt /Werner (2017), S. 449-453
[21] Vgl. Hein (Online), 2017
[22] Vgl. Hildebrandt /Werner (2017), S. 460
[23] Vgl. Hein (Online), 2017; vgl. Case Study Provenance (Online), 2019

3.2 Unveränderlichkeit der Daten

Ein weiterer Vorteil der Blockchain-Technologie besteht in deren Unveränderlichkeit bzw. Fälschungssicherheit. Wie bereits erläutert können aufgrund der kryptografischen Verschlüsselung und der dezentralen Speicherung, einst durchgeführte Transaktionen im Nachhinein nicht mehr gelöscht oder manipuliert werden, ohne dass diese Veränderung auffallen würde.[24] Gerade durch den Wegfall von zentralen Instanzen, bei denen eine Manipulation durch Mitarbeiter, Lieferanten oder Hacker möglich ist, schafft die Architektur der Blockchain eine sichere Übermittlung von Informationen.[25] Dies würde sich positiv auf die Glaubwürdigkeit des Unternehmens auswirken, was wiederrum Vertrauen auf der Konsumentenseite schaffen könnte. Vor allem bei Produkten deren Herkunft für den Kunden von Bedeutung ist, kann dies von Vorteil sein, da Konsumenten davon ausgehen können, fälschungssichere und wahre Daten vorliegen zu haben. Doch nicht nur der Endkonsument profitiert von diesem Nutzen. Auch Unternehmen, die sich tatsächlich auf nachhaltiges Wirtschaften fokussieren, können sich dadurch besser von solchen Unternehmen abheben, welche lediglich Greenwashing betreiben.

3.3 Einkaufserlebnis für Kunden

Dank der Blockchain-Technologie können nachhaltig eingestellte Unternehmen glaubwürdige Daten über den Herstellungsprozess ihrer Produkte ausweisen, was bei den Endkonsumenten nicht nur Vertrauen erzeugt, sondern auch ein komplett neues Erlebnis beim Kauf des Produktes schafft. Durch die Bereitstellung fälschungssicherer Informationen, wird es Kunden ermöglicht sich mit der Geschichte des Produktes auseinanderzusetzen, Nachhaltigkeitsversprechen von Unternehmen zu prüfen und anschließend fundierte Kaufentscheidungen zu treffen.[26] Außerdem können sie nachvollziehen, unter welchen ökologischen, sozialen und ökonomischen Aspekten, das Produkt hergestellt wurde. Nicht nur bei Kunden, die sich bereits mit nachhaltigen Produkten beschäftigen, sondern auch Konsumenten, welche sich noch nicht mit dem Thema identifizieren oder auseinandergesetzt haben, könnte diese ein Anreiz sein, ihren bisherigen Konsum zu überdenken.

---

[24] Vgl. Scherf (2019), S. 43
[25] Vgl. Hildebrandt /Werner (2017), S. 453
[26] Vgl. Wischniewski (Online), 2019

Eine mögliche Umsetzung in der Praxis wäre die Ausstattung der jeweiligen physischen Produkte mit einem digitalen Ausweis. Je nach Art des Produktes wäre dies z.B. ein digitaler Chip, ein QR-Code oder ein sonstiges Smart Label. Anhand des digitalen Ausweises kann der Endkonsument beispielsweise mit Hilfe einer App, das Smart Label scannen und die Informationen in Echtzeit abrufen.[27]

Die Blockchain ermöglicht dank des Trackings von Daten daher eine neue Form des Markenerlebnisses, weshalb die Blockchain auch im Marketing von Bedeutung sein kann. Durch die Transparenz der Daten kann sich nicht nur die Kundenzufriedenheit, sondern auch die Loyalität des Kunden gegenüber dem Unternehmen oder der Marke erhöhen, was wiederum eine erhöhte Nachfrage generiert.[28]

4. Herausforderungen

4.1 Technische Herausforderungen

4.1.1 Energieverbrauch

Im Folgenden werden sowohl die technischen, als auch die rechtlichen Herausforderungen der Blockchain erörtert.

Einer der wichtigsten Kritikpunkte der Blockchain-Technologie, ist der gegenwärtig hohe Stromverbrauch, welcher durch die Durchführung von Transaktionen erzeugt wird.[29] Der hauptsächliche Grund für den hohen Energieverbrauch ist die Art und Weise, wie die Daten in die Blockchain aufgenommen werden und die dafür aufwendigen und parallel laufenden Rechenkapazitäten, die für das das sog. Mining notwendig sind.[30] Diese Methode wird auch als „Proof-of-Work" Mechanismus bezeichnet. Unter Mining wird das Verifizieren von Daten durch das Lösen von Algorithmen verstanden.[31] Die „Miners" sorgen also dafür, dass die Einträge in der Datenbank gesichert werden und erhalten dafür Kryptowährung, wie beispielsweise Bitcoin. Dieser Prozess ist notwendig, um die Daten fälschungssicher und somit

---

[27] Vgl. Scherf (2019), S. 52-53
[28] Vgl. Scherf/Lutz (Online), 2019, S.9
[29] Vgl. Hildebrandt /Werner (2017), S. 462
[30] Vgl. Böck (Online), 2019
[31] Vgl. Giehl/Human (Online), 2019

vertrauensvoll zu generieren, wobei dies jedoch einen sehr hohen Energieverbrauch in Anspruch nimmt, was häufig kritisiert wird.[32]

Am besten lässt sich dies an einem Beispiel verdeutlichen. So wird alleine bei einer einzelnen Bitcoin-Transaktion ca. 500 kWh benötigt, was durchschnittlich etwa ausreicht, um einen deutschen Haushalt ungefähr zwei Tage lang mit Energie zu versorgen.[33]

Darüber hinaus entsteht bei der Blockchain-Technologie eine beträchtliche Datenmenge, die im Hinblick auf die Validierung von jedem Nutzer heruntergeladen werden muss, was ebenfalls einen sehr hohen Ressourcenverbrauch in Anspruch nimmt. Letztendlich ist die Reduzierung des Energieverbrauchs der Blockchain-Anwendung, eine der zentralen Herausforderungen bei deren zukünftigen Entwicklung.[34]

4.1.2 Höhere Komplexität der IT-Infrastruktur

Vor allem bei der Implementierung der Blockchain können sich technisch gesehen weitere Komplikationen ergeben. Denn die Implementierung der Blockchain-Technologie führt zu einer höheren Komplexität der IT-Infrastruktur. Da die Blockchain auf mehreren Servern verteilt abliegt, wird nicht nur die IT-Infrastruktur unübersichtlicher und fehleranfälliger, sondern auch die Möglichkeit Fehler ausfindig zu machen und zu identifizieren wird durch die Dezentralisierung erschwert. Die kompliziertere Fehlerfindung bedeutet ein höheres Risiko für Kettenreaktionen, was wiederum sogar zum Ausfall der Blockchain führen kann.[35]

Alles in Allem erfordert die Einführung einer neuen Technologie in einem Unternehmen gewöhnlich immer Fachwissen und Erfahrung. Da die Blockchain jedoch noch eine junge Technologie ist, fehlen derzeit noch Erfahrungswerte, was die Fehlerquote ebenfalls erhöhen kann.

---

[32] Vgl. Große Bley (Online), 2018
[33] Vgl. Große Bley (Online), 2018
[34] Vgl. Ionos, (Online), 2018
[35] Vgl. Klapdor (Online), 2017

4.1.3 Transaktionsgeschwindigkeit

Die vergleichsmäßig niedrige Transaktionsgeschwindigkeit stellt eine weitere technische Herausforderung bei Blockchain-Anwendungen dar. Denn die Transaktionsrate bzw. die Anzahl an maximalen Transaktionen pro Sekunde, ist bei der Blockchain um einiges geringer als bei anderen Technologien. So verarbeitet beispielsweise Bitcoin, aufgrund des rechenintensiven Verfahrens der Blockchain-Technologie, durchschnittlich lediglich sieben Transaktionen pro Sekunde. Im Vergleich dazu verarbeitet beispielsweise Visa ca. 56.000 Transaktionen pro Sekunde. [36] Das Problem der Skalierbarkeit gehört somit ebenfalls zu den Herausforderungen bei der Implementierung der Blockchain.

4.2 Rechtliche Herausforderungen

4.2.1 Datenschutzrecht

Wenn es bei der Blockchain um die rechtlichen Herausforderungen geht, gilt es für Unternehmen einige Barrieren zu überwinden. Zwar zählen die Transparenz, die fälschungssichere Dokumentation von Daten und der Wegfall einer zentralen verantwortlichen Stelle zu den größten Vorteilen der Blockchain, jedoch stellt sich gerade bei diesen Aspekten die Frage, welche datenschutzrechtliche Probleme berücksichtigt werden müssen.

Zunächst muss zwischen privaten und öffentlichen Blockchains unterschieden werden. Öffentliche Blockchains sind für jedermann zugänglich und nutzbar. Auch die dort abliegenden Daten sind ebenfalls für jeden einsehbar, während bei privaten Blockchains nur bestimmte und bevollmächtigte Personen Zugang zu den Daten haben. So ist Bitcoin beispielsweise eine öffentliche Blockchain-Anwendung. [37] Bei privaten Blockchains kann außerdem nur das betreibende Unternehmen Transaktionen durchführen und die Leserechte für Nutzer sogar einschränken. Daher ist bei privaten Blockchains generell ein höherer Datenschutz gegeben. [38]

Bei öffentlichen Blockchain-Anwendungen stellt der Schutz von Daten jedoch häufig ein Problem dar. Denn die Durchführung von Transaktionen werden zwar anonym

---

[36] Vgl. Ionos (Online), 2018
[37] Vgl. Scherf (2019), S.46-47
[38] Fußnote: Vgl. BSI (Online), 2019, S.19

dokumentiert, jedoch ist der Inhalt jeder Transaktion für alle Teilnehmer des Netzwerkes sichtbar. Anhand von Art und Umfang der Transaktionen, wäre mit Hilfe von Analysen, somit ein Rückschluss auf einzelne Akteure, wie z.b. Unternehmen, möglich.[39] Das könnte wiederum Unternehmen zur Last fallen.

Des Weiteren könnten Konflikte aufgrund des Rechts auf Vergessenwerden nach Art. 17 der Datenschutz-Grundverordnung entstehen. Das Recht auf Vergessenwerden setzt voraus, dass Unternehmen persönliche Daten von Nutzern löschen, wenn diese es einfordern. Somit steht der eigentliche Vorteil der Blockchain, nämlich die Daten unveränderbar und vor Manipulation sicher zu speichern, im Widerspruch zu Art. 17 DSGVO.[40]

4.2.2 Verantwortlichkeit

Zivilrechtlich gesehen weißt die Blockchain außerdem weitere Problematiken aufgrund der Unveränderlichkeit von durchgeführten Transaktionen auf. Vor allem aufgrund des Wegfalls einer rechtlich verantwortlichen Zentralstelle, ergeben sich einige rechtliche Fragestellungen.

So ist bis heute nicht eindeutig geklärt, welche Lösungsansätze beispielsweise bei einer fehlerhaften Transaktion heranzuführen sind und ob gegebenenfalls eine Anfechtung oder ein Rücktritt des betroffenen Teilenehmers möglich wäre und falls ja, gegenüber wem dieser solch eine Erklärung abgeben müsste.[41] Daraus ergibt sich das Problem der Verantwortlichkeit bei Blockchain-Anwendungen und die Frage, wer bei Fehlern oder Konflikten zur Rechenschaft gezogen werden kann. Die Bestimmung eines Verantwortlichen ist bei der Blockchain-Technologie schwierig und hängt hauptsächlich vom Einsatzzweck und der Art der Blockchain ab.[42]

5. Zusammenfassung

Die Blockchain ist eine der vielversprechendsten Technologien in Zeiten der Digitalisierung, denn sie birgt viele Potenziale und verschiedene Einsatzmöglichkeiten und der Einsatz in Unternehmen kann in einigen Bereichen nachhaltiges Wirtschaften unterstützen. Zu den größten Stärken der Blockchain zählt

---

[39] Vgl. Ionos (Online), 2018
[40] Vgl. Geißler/Ostler (Online), 2019
[41] Vgl. BSI (Online), 2019, S. 57
[42] Fußnote: Vgl. BSI (Online), 2019

vor allem die Steigerung von Vertrauen und Transparenz, Werte, welche immer wichtiger für den Endkonsumenten werden.

Dank der Funktionsweise der Blockhain wird eine lückenlose Transparenz entlang der Wertschöpfungsketten gewährleistet, wodurch der Zugang zur Lieferkette für unethische Quellen zunehmend erschwert wird. Vor allem Endverbrauchern wird es durch die Technologie ermöglicht sozusagen am gesamten Produktlebenszyklus teilhaben zu können und Kaufentscheidungen bewusster zu treffen, wobei sich die Offenlegung der Wertschöpfungskette ebenfalls positiv auf die Kundenzufriedenheit und -bindung auswirken kann. Vor allem aufgrund der Tatsache, dass viele Unternehmen Greenwashing betreiben, entsteht immer häufiger ein Misstrauen auf Konsumentenseite. Unternehmen, die tatsächlich nachhaltig agieren, könnten durch den Einsatz der Blockchain ihre Glaubwürdigkeit verstärken.

Auch der Wegfall von dritten Instanzen schafft zusätzliches Vertrauen. Obwohl derzeit noch Fragen in Bezug auf die Verantwortlichkeit bei Auftreten von Konflikten offenstehen, wirkt sich der Wegfall einer zusätzlichen Instanz zusätzlich positiv auf die Senkung des Ressourcenverbrauch aus.

Den positiven Aspekten steht jedoch vor allem der verhältnismäßige hohe Energieverbrauch gegenüber. In dieser Hinsicht ist der Einsatz der Technologie eher kontraproduktiv, wenn es darum geht die Nachhaltigkeit in Unternehmen zu fördern. Da die Blockchain-Technologie noch am Anfang ihrer Entwicklung steht, bleibt es abzuwarten, ob sich in Zukunft noch Ansätze zur Verringerung des Energieverbrauch zeigen werden.

Letztendlich ist es vor allem von der Branche, der Produktart und vom Unternehmensziel abhängig, ob der Einsatz der Blockchain Sinn macht oder nicht. Wie bei den meisten Einführungen von neuen Technologien, kann auch die Implementierung der Blockchain-Technologie mit hohen Kosten verbunden sein, weshalb Unternehmen vorher eine individuelle Abwägung der Vor- und Nachteile, sowie eine Kosten-Nutzen-Analyse durchführen sollten.

Literaturverzeichnis

Printquellen

Scherf, Jessica: Blockchain im Marketing, Jessica Scherf, Düsseldorf 2019

Fußnote:

Vgl. Scherf (2019)

Jacob, Michael: Digitalisierung & Nachhaltigkeit: Eine unternehmerische Perspektive, Springer Vieweg, Wiesbaden 2019

Fußnote:

Vgl. Jacob (2019)

Schwarzkopf, Julia; Adam, Katarina; Wittenberg, Stefan: Vertrauen in nachhaltigkeitsorientierte Audits und in Transparenz von Lieferketten – Schafft die Blockchain-Technologie einen Mehrwert?. In: Khare, Anshuman; Kessler, Dagmar; Wirsam, Jan: Marktorientiertes Produkt- und Produktionsmanagement in digitalen Umwelten. Springer Gabler, Wiesbaden 2018

Fußnote:

Vgl. Schwarzkopf/Adam/Wittenberg (2018)

Hildebrandt, Alexandra; Landhäußer, Werner: CSR und Digitalisierung: Der digitale Wandel als Chance und Herausforderung für Wirtschaft und Gesellschaft, Springer Gabler, Berlin 2017

Fußnote:

Vgl. Hildebrandt /Werner (2017)

Digitale Dokumente/Beiträge in Fachzeitschriften:

Aachener Stiftung: Reader zum Thema Nachhaltigkeit,
https://www.nachhaltigkeit.info/media/1434968330phpwNlq2d.pdf
Zugriff am 23.11.2019
Fußnote:
Vgl. Aachener Stiftung (Online)

Roth, Matthias: Funktionsweise Blockchain: Wie funktioniert eine Blockchain?
Erschienen in: Digitale Welt, Band 2/Ausgabe 1, Januar 2018, verfügbar unter:
https://link.springer.com/content/pdf/10.1007%2Fs42354-018-0014-5.pdf

Zugriff am 31.10.2019
Fußnote: Vgl. Roth (Online), 2018

Scherf, Jessica; Becker, Lutz: Blockchain und Marketing, FSBC Working Paper,
Frankfurt School Blockchain Center, Mai 2019, verfügbar unter:
http://explore-ip.com/2019_Blockchain_und_Marketing.pdf

Zugriff am 03.11.2019

Fußnote: Vgl. Scherf/Lutz (Online), 2019

Berghoff, Christian; Gebhardt, Ute; Lochter, Manfred; Maßberg, Sarah: Blockchain
sicher gestalten: Konzepte, Anforderungen, Bewertungen, Bundesamt für Sicherheit
in der Informationstechnik (BSI), März 2019, verfügbar unter:

https://www.bsi.bund.de/SharedDocs/Downloads/DE/BSI/Krypto/Blockchain_Analyse
.pdf?__blob=publicationFile&v=5

Zugriff am 16.11.2019

Fußnote: Vgl. BSI (Online), 2019

Online-Quellen

Newman, Daniel: Top 10 Digital Transformation Trends For 2020, 14.07.2019,
https://www.forbes.com/sites/danielnewman/2019/07/14/top-10-digital-
transformation-trends-for-2020/
Zugriff am 22.10.2019
Fußnote:
Vgl. Newman, (Online), 2019

,

Panetta, Kasey: 5 Trends Emerge in the Gartner Hype Cycle for Emerging
Technologies, 2018, 16.08.2018,
https://www.gartner.com/smarterwithgartner/5-trends-emerge-in-gartner-hype-cycle-
for-emerging-technologies-2018/

Zugriff am 10.12.2019

Fußnote:

Vgl. Panetta (Online), 2018

Handelsjournal: Transparenz ist Trumpf, 13.08.2019,
https://handelsjournal.de/unternehmen/marketing/transparenz-ist-trumpf.html
Zugriff am 26.10.2019
Fußnote:
Vgl. Handelsjournal (Online), 2019

Cloer, Thomas: Was ist Blockchain – und was ist so spannend an Blockchain?
28.07.2016,
https://www.retarus.com/blog/de/was-ist-blockchain-und-was-ist-so-spannend-an-
blockchain/

Zugriff am 30.10.2019
Fußnote:
Vgl. Cloer (Online), 2016

Hofmann, Sebastian: Blockchain-Technologie einfach erklärt – Definition & Anwendungen, 16.01.19,

https://www.mm-logistik.vogel.de/blockchain-technologie-einfach-erklaert-definition-anwendungen-a-676163/

Zugriff am 30.10.2019

Fußnote:

Vgl. Hofmann (Online), 2019

Capital-Redaktion: Was die Blockchain für den Diamantenhandel bedeutet, 08.11.2017,

https://www.capital.de/wirtschaft-politik/was-die-blockchain-fuer-den-diamantenhandel-bedeutet

Zugriff am 30.10.2019

Fußnote:

Vgl. Capital (Online), 2017

Ionos Digital Guide: Blockchain, 27.07.2018,

https://www.ionos.de/digitalguide/online-marketing/verkaufen-im-internet/blockchain/

Zugriff am 31.10.2019

Fußnote:

Vgl. Ionos (Online), 2018

Pufé, Iris: Was ist Nachhaltigkeit? Dimensionen und Chancen, 21.7.2014,

http://www.bpb.de/apuz/188663/was-ist-nachhaltigkeit-dimensionen-und-chancen?p=all

Zugriff am 23.11.2019

Fußnote:

Vgl. Pufé, (Online), 2014

Bundesministerium für Arbeit und Soziales (BMAS): Nachhaltigkeit und CSR,

https://www.csr-in-deutschland.de/DE/Was-ist-CSR/Grundlagen/Nachhaltigkeit-und-
CSR/nachhaltigkeit-und-csr.html

Zugriff am 23.11.2019

Fußnote:

Vgl. BMAS (Online)

Klapdor, Martin: Chancen und Herausforderungen der Blockchain, 28.11.2017,

https://digitaleweltmagazin.de/2017/11/28/chancen-und-herausforderungen-der-
blockchain/

Zugriff am 02.11.2019

Fußnote:

Vgl. Klapdor (Online), 2017

Hein, Mira: Nachhaltigkeit 2.0 – Chancen der Digitalisierung für die Textil- und
Modeindustrie, 29.08.2017,

https://www.texprocess-blog.com/nachhaltigkeit-2-0-chancen-der-digitalisierung-fuer-
die-textil-und-modeindustrie/

Zugriff am 03.11.2019

Fußnote:

Vgl. Hein (Online), 2017

Case Study Provenance: Increasing transparency in fashion with blockchain,
Mai 2017,

https://www.provenance.org/case-studies/martine-jarlgaard

Zugriff am 03.11.2019

Fußnote:

Vgl. Case Study Provenance (Online), 2019

Wischniewski, Thomas: Digitalisierung: Potenziale der Blockchain für ökologische Nachhaltigkeit, 13.08.19,

https://www.umweltdialog.de/de/wirtschaft/digitalisierung/2019/Potenziale-der-Blockchain-fuer-oekologische-Nachhaltigkeit.php

Zugriff am 23.11.2019

Fußnote:

Vgl. Wischniewski (Online), 2019

Böck, Hanno: Kryptomining: Wie Bitcoin die Klimakrise anheizt, 18.09.2019,

https://www.golem.de/news/kryptomining-wie-bitcoin-die-klimakrise-anheizt-1909-143911.html

Zugriff am 10.11.2019

Fußnote:

Vgl. Böck (Online), 2019

Giehl, Simone; Human, Sebastian: Neue Plattform will Blockchain-Ökobilanz verbessern, 15.10.2019

https://www.industry-of-things.de/neue-plattform-will-blockchain-oekobilanz-verbessern-a-869742/

Zugriff am 10.11.2019

Fußnote:

Vgl. Giehl/Human (Online), 2019

Große Bley, Martina: Stromverbrauch und Blockchain – Innovation auf Kosten der Umwelt ?, 22.03.2018

https://www.management-circle.de/blog/stromverbrauch-und-blockchain-innovation-auf-kosten-der-umwelt/

Zugriff am 10.11.2019

Fußnote:

Vgl. Große Bley (Online), 2018

Geißler, Otto; Ostler, Ulrike: Blockchain und Datenschutz: Die DSGVO vergisst, die Blockchain nie!, 13.03.19 | Autor / Redakteur: Otto Geißler / Ulrike Ostler

https://www.datacenter-insider.de/die-dsgvo-vergisst-die-blockchain-nie-a-808545/

Zugriff am 16.11.2019

Fußnote:

Vgl. Geißler/Ostler (Online), 2019

Digitale Transaktion wird angefragt: z.B. Überweisung von Bitcoins

1 Transaktion: Dauerhafte und transparente Verifizierung und Dokumentation jeder einzelnen, jemals getätigten Bitcoin-Transaktion durch **dezentrales Netzwerk***.

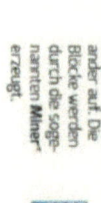

2 Dezentrales Netzwerk: Bestätigung und Integration der Transaktion* in **namengebende Blocks***.

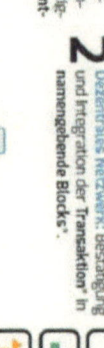

3 Namengebende **Blocks** bestehen jeweils aus mehreren Transaktionen und werden intervallartig erzeugt. Sie **sind wie eine Kette miteinander verknüpft** und bauen aufeinander auf. Die Blöcke werden durch die sogenannten **Miner***erzeugt.

4 **Miner:** stellen dem Bitcoin-Netzwerk Rechenkraft zur Verfügung, damit Transaktionen bestätigt, verifiziert und dokumentiert werden können.

5 Belohnung: Im Gegenzug dafür werden die Miner vom Netzwerk mit **Bitcoins belohnt***.